COLLECTION

COMPLETE

DES MÉMOIRES

RELATIFS AU PROCÈS

DE M. LE CARDINAL

DE ROHAN,

ARRANGÉS dans l'ordre où ils ont paru.

A PARIS,

Chez tous les Libraires qui vendent les Nouveautés.

1786.

TABLE ET ORDRE DES MÉMOIRES.

MÉMOIRE

POUR Dame JEANNE DE SAINT-REMY DE VALOIS, Epouſe du Comte DE LA MOTTE.

SI la Majeſté du Trône a été offenſée dans la négociation d'une riche parure de pierreries formée entre des ſujets, ſi l'indignation Royale s'eſt manifeſtée par l'un de ces coups d'éclat qui étonnent d'abord, & font taire enſuite, des principes reçus, ſi la Cour, ſi les Cours Etrangeres, ſi l'Europe ſont reſtées attentives ſur l'événement ; dans quelles diſpoſitions doit ſe trouver un Tribunal Souverain à la vue des perſonnes impliquées dans le délit, ou plutôt dans l'attentat ?

D'un côté, c'eſt M. de Rohan, illuſtre par ſon nom, par les branches différentes de ſa Maiſon, leurs hautes alliances, & tant de dignités de l'Egliſe & de l'Etat, perpétuées depuis des ſiecles ; M. de Rohan, couvert à la fois, & des Ordres du Roi, & de la Pourpre qui diſtingue le Sacré College ; M. de Rohan, titré de l'une des Charges de la Couronne,

A

Dignitaire parmi l'éminent Clergé de France fur des Sieges éminens, infcrit enfin dans ces Sociétés de Doctrine, dans ces Académies Littéraires qui femblent le défendre des pufillanimités de l'efprit, de même qu'il femble défendu des baffeffes du cœur par les autres titres qui l'entourent ; en un mot, & pour parler fans figures, c'eft M. le Cardinal de Rohan, Grand Aumônier de France, Commandeur de l'Ordre du Saint-Efprit, Evêque de Strasbourg & Prince de l'Empire, Abbé de Saint-Vaaft, de la Chaife - Dieu &c. , Supérieur Général de l'Hôpital Royal des Quinze-Vingts, Docteur, Provifeur de Sorbonne, & l'un des quarante de l'Académie Françoife ; tellement que de toutes parts les voix s'élevent, non-feulement pour le protéger, mais pour réclamer en quelque forte le droit de le juger.

De l'autre, c'eft une femme ! Une femme qui long-tems inconnue à elle-même, n'a appris qu'au milieu des humiliations de l'indigence, que le nom de *Valois*, écrit dans fon acte baptiftaire, dans ceux d'un frere, d'une fœur & d'une longue fuite d'aïeux, les fait defcendre & remonter jufqu'à Henri, MONSIEUR, fils naturel de l'un de nos Rois ; une femme qui dès avant fon mariage avec le Comte de la Motte, reconnue par un Brevet du Roi pour être du Sang des Valois, s'eft vue néanmoins dégradée dans fon extraction, dans fa perfonne ; enforte qu'obligée auffi de fe défendre au Tribunal Souverain, elle ignore fi au Tribunal du Public elle mérite même d'être écoutée.

Mais faut-il donc, pour que la Comteffe de la Motte ne foit coupable de rien, que M. le Cardinal de Rohan refte coupable de tout ?

Ici s'introduit l'un de ces perfonnages que le vulgaire ignorant appelle des hommes extraordinaires ; empyrique dans l'art des cures humaines , bas Alchimiste , rêveur fur la pierre philofophale , faux Prophête dans les Sectes dont il fe dit inftruit, profanateur du feul culte vrai , & qualifié par lui-même Comte de Caglyoftro. Oui, depofitaire de la part de M. de Rohan du fplendide collier , Caglyoftro l'a dépécé pour en groffir le tréfor occulte d'une fortune inouie. Mais pour voiler fon vol, il a commandé à M. de Rohan , par l'empire qu'il s'eft créé fur lui, d'en faire vendre & d'en faire monter de foibles parcelles à Paris par la Comteffe de la Motte , d'en faire monter & vendre des portions plus confidérables en Angleterre par fon mari. M. de Rohan a reçu le prix des portions vendues à Paris , & en nature celles qui y ont été montées. M. de Rohan a reçu fur fon propre Banquier à Paris, les traites venues de Londres pour les objets vendus : il a reçu en nature auffi d'autres objets qui y ont été montés , ainfi que la note de ceux qui y font reftés pour les monter encore ; & il veut croire que ce collier , toujours circulant dans fes mains fous des formes différentes , multiplié fur lui-même , a été remis entier , à qui ? C'eft un blafphême : à la Reine !

Sommes - nous donc dans les régions de la Féerie & de fes chimeres ? A quel fiecle , à quelle Nation , à quels Juges vient-on offrir la métamorphofe de ce brillant tiffu ? Que le voile épaiffi fur la vue de M. le Cardinal de Rohan , tombe , & le merveilleux dégénérera dans une fable groffiere , au dénouement de laquelle il fera pour le moins convaincu d'une duperie inconnue aux générations & à leurs âges.

Telle eft l'annonce d'un expofé où tout doit paroître d'abord invraifemblable. Mais l'invraifemblance morale , différente de l'impoffibilité phyfique , difparoîtra fucceffivement : il faut même que l'impatience naturelle , qui pouffe fouvent l'attention vers un intérêt principal aux dépens des acceffoires, fe foumetre à l'ordre plus étendu que nous nous fommes prefcrit, il faut fouffrir que la Comteffe de la Motte ne procede qu'en faifant connoître fon extraction, fa perfonne, fes liaifons avec M. de Rohan, la négociation du fatal collier, enfin le projet de Caglyoftro dans fes commencemens, fes progrès & fa confommation ; enchaînement méthodique de faits qui prépareront, pour les tems de l'inftruction, la difcuffion des moyens.

F A I T.

S'IL eft des affaires dans lefquelles il faut d'abord défarmer la prévention publique, quelle eft, dans cette affaire d'honneur, la Comteffe de la Motte dégradée du côté de fa naiffance ?

Nos annales n'ont pas négligé de conferver les noms des enfans naturels de nos Rois, par l'attachement fi connu d'une Nation généreufe pour le fang de fes Maîtres. A la fuite d'anciens Hiftoriens, M. le Préfident Hainault donne à Henri II, l'un des derniers Rois de la branche des Valois, il lui donne pour enfant naturel Henri de Saint-Remy, né de Nicole de Savigny : mais des titres plus authentiques encore que l'hiftoire, des titres long-tems épars, raffemblés en 1776, ont mis l. Juge d'Armes de la Nobleffe de France en état de dreffer le Mémoire généalogique de cette Maifon de Saint-Remy de Valois.

Au premier degré on voit Henri II, Roi en 1547, qui eut Henri de Saint-Remy, de Nicole de Savigny, Haute & Puiffante Dame, Dame de Saint-Remy, de Fontette, du Chatelier &

de Noëz, laquelle, par teftament du 2 Janvier 1590, déclara que le feu Roi Henri II avoit fait don à Henri, Monfieur, fon fils, de la fomme de 30,000 écus fols, qu'elle avoit reçue en 1558.

Au fecond degré, eft ce même Henri, Monfieur, qualifié dans fon contrat de mariage du 31 Octobre 1592, Chevalier, Seigneur des mêmes terres du Chatelier, de Fontette, de Noëz & de Beauvoir, Chevalier de l'Ordre du Roi, qui étoit l'Ordre du Saint-Efprit créé dès 1579, Gentilhomme Ordinaire de la Chambre de Henri III, Colonel d'un Régiment de Cavalerie & Gens de pied, Gouverneur de Château-Villain : fa femme, eft Chrétienne de Luz, fille de Jacques de Luz, auffi Chevalier de l'Ordre du Roi, & deux fœurs de la femme de Henri, Monfieur, épouferent, l'une, François de Choifeul-d'Ambouville ; l'autre, Benjamin de Sancieres, Baron de Tenence.

René de Saint-Remy, fils de Henry, Monfieur, & de Chrétienne de Luz, forme le troifieme degré, fous le titre de Haut & Puiffant Seigneur, Chevalier, Baron de Fontette, Gentilhomme Ordinaire de la Chambre du Roi & Capitaine de cent hommes d'armes, fuivant fon contrat de mariage du 25 Avril 1646.

Quatrieme degré, le fils de René, qui eft nommé Pierre-Jean de Saint-Remy *de Valois*, Haut & Puiffant Seigneur, Chevalier, Seigneur de Fontette, Major du Régiment de Bachevillier, Cavalerie.

Cinquieme degré, Nicolas-René de Saint-Remy *de Valois*, fils du précédent, Chevalier, Baron de Saint-Remy, Seigneur de Luz, qui, après avoir fervi dix ans en qualité de Garde du Corps du Roi dans la Compagnie de Charoft, époufa le 4 Mars 1714 Demoifelle Marie-Elifabeth de Vienne, dont il eut deux fils, Pierre-Nicolas René de Saint-Remy de Fontette, reçu en 1744 Cadet Gentilhomme dans le Régiment de Graffin, il mourut l'année fuivante 1745 d'une mort glorieufe, à la journée de Fontenoy ; & le fecond fils eft celui qui fuit.

Sixieme degré, Jacques de Saint-Remy *de Valois*, Chevalier, Baron de Saint-Remy.

C'eft de ce Jacques de Saint-Remy de Valois qu'eft née à Fontette le 22 Juillet 1756 Jeanne de Saint Remy *de Valois*, que nous verrons époufer en 1780 le Comte de la Motte, & qui forme par conféquent le feptieme degré par rapport à Henri II.

Ainfi dans une affaire où l'on voudroit étouffer la Comteffe de la Motte fous le poids des dignités, elle pourroit fe prévaloir d'une origine que fon ame eft capable de fentir ; car enfin les Magiftrats auront à prononcer fi la defcendante en ligne directe de Henri II a été capable des baffeffes qu'on ofe lui imputer ; mais ce n'eft pas avec un privilege d'extraction qu'elle veut traiter vis-à-vis fon illuftre Adverfaire, ce n'eft qu'avec l'égalité du droit naturel, fupérieur à toutes les inftitutions humaines.

Cependant, fi la Comteffe de la Motte eft telle par le droit de fa naiffance, quelle eft fa perfonne, que nos préjugés de fortune, que nos préjugés d'indigence ont voulu également livrer à la dégradation ? Vingt années d'humiliations, qui n'étoient faites ni pour elle, ni pour fon nom, feroient fans doute une hiftoire intéreffante ; mais qu'eft ce dans nos affaires civiles, & bien plus dans nos affaires criminelles, qu'un intérêt de fentiment, où il ne s'agit que du droit légitime des Parties ? Ne diffimulons pas néanmoins des faits publiés par la malignité ; ils nous concilieront au contraire la faveur due à l'infortune, lorfque l'infortune eft réunie à l'innocence.

Il eſt très - vrai que Jacques de Saint - Remy de Valois humilié d'une alliance qui l'avoit rendu pere de trois enfans un garçon en 1755, Jeanne en 1756 & Marie-Anne en 1757, gémiſſoit ſur leur ſort, ſur le ſien , & ſon nom l'importunoit. Sa raiſon fut troublée au point qu'il n'étoit plus ni à lui, ni à ſes affaires. Les grandes Terres détaillées dans ſes titres n'exiſtoient plus pour lui, & les derniers débris s'en étoient éclipſés ſous ſes mains. Une ferme, une grange, des arpens, des quartiers de terrein étoient livrés ſans écrit, & pour chaque beſoin du moment. En 1760, n'ayant plus rien ou croyant ne plus rien avoir , il ſe détermine à fuir de la Terre de Fontette , berceau de ſes ancêtres. Dans l'obſcurité d'une nuit, qui fut celle de ſon départ, il ſuſpend ſa ſeconde fille emmaillottée dans un panier, il la ſuſpend à la fenêtre de celui des habitans de Fontette qui avoit été le plus enrichi des dépouilles de ſon ancien Seigneur. Il part à pied, traînant avec lui Jeanne l'aînée, ſon frere, ſa femme enceinte, & n'emporte que ſes papiers & ſes parchemins. Il arrive à Paris où il ne reſte pas ; il veut aller à Verſailles, & il n'y va pas, s'arrêtant à Boulogne, dont le Curé, qui vit encore, fut le dépoſitaire ſecret de ſon accablement. Sa femme accouche d'une troiſieme fille, tenue ſur les fonds de baptême par la Baronne de Choiſeul-Bay & par ſon petit-fils. Ce même jour, le pere eſt mourant, & la Baronne de Choiſeul donne ſa voiture pour le tranſporter dans un lieu où elle avoit une chambre & deux lits; oſerons - nous le prononcer devant un préjugé orgueilleux ? A l'Hôtel-Dieu ! C'eſt-là en effet qu'il repoſe ; mais avec le titre de Jacques *de Valois* , Chevalier, Baron de Saint Remy, ſuivant ſon acte mortuaire ; en ſorte que le malheur qui perſécuta pendant deux cents ſoixante-dix ans la branche des

Valois fur le Trône, paroît s'être acharné fur les derniers defcendans du fils naturel.

Continuons: les trois orphelins font recueillis par la vertu, la vertu humaine & chrétienne de la Marquife de Boulainvillers, époufe du fieur Prévôt de Paris. Ils font vêtus par les demoifelles fes filles, qui ont été depuis la Baronne de Cruffol, les Vicomteffes de Faudoas & de Tonnerre. *N'eft-ce pas, maman?* difoient les demoifelles de Boulainvillers, *ce font nos freres*. La dame leur mere les met tous trois dans des écoles de Paffy convenables à leur premiere enfance, & jufqu'a ce qu'elle eût recouvré les titres. Le jeune de Valois fut confié quelque tems après au Marquis de Courcy, qui, partant pour les mers, l'a fait paffer par les grades d'un fervice, qui ne font déshonorans pour perfonne. La fille née à Boulogne meurt, & l'aînée Jeanne fut placée dans la fuite à Paris, dans des maifons propres à la former aux ouvrages de l'aiguille & du dé, également convenables à fon fexe.

Mais en 1775, le travail fur les titres étant fini, il fut mis fous les yeux du Roi, par un Miniftre fait pour fentir les obligations des Rois envers ceux de leurs fujets qui font privilégiés par leur naiffance. M. de Maurepas voulut bien auffi préfenter le jeune Officier au retour de fes premieres campagnes ; & fur la queftion que lui fit le Roi s'il ne voudroit pas fe deftiner à l'Etat eccléfiaftique, tout Verfailles a fu la réponfe du brave Marin : *Servir fon Roi, Sire, c'eft fervir fon Dieu*. Alors auffi la dame de Boulainvillers fit venir de Fontette Marie-Anne, délaiffée dans fon panier ; & le jour de l'arrivée cette nouvelle mere des trois Valois, les demoifelles fes filles & une compagnie choifie furent témoins de la reconnoiffance fraternelle qui précipita ces trois enfans dans les bras les uns des autres.   En

En 1776, le fieur d'Hozier de Serigny donna une forme au Mémoire généalogique, tel que nous l'avons ci-devant détaillé. Il y attefte que les armes de cette Maifon ont toujours été d'argent à une face d'azur, chargée de trois fleurs de lys d'or, & *il certifie au Roi, dans fa qualité de Juge d'armes de la Nobleffe de France, la vérité des faits contenus dans fon Mémoire, dreffé*, dit-il, *fur titres authentiques.* Alors auffi trois brevets ont été accordés par le Roi; l'un, du 9 Décembre 1776, en faveur de demoifelle Jeanne de Luze de Saint-Remy de *Valois*, pour une penfion de 800 livres; l'autre, du 27 Juin 1777, de la même fomme « au fieur Jacques, *Baron* de » Saint - Remy de *Valois*, Lieutenant de vaiffeaux; lequel » eft-il dit, a obtenu ladite penfion étant Enfeigne, pour le » mettre en état de fuivre fon fervice; le troifieme femblable » pour demoifelle Marie-Anne de *Valois* ». Et aujourd'hui le Baron de Valois, commandant la *Surveillante*, eft honoré, même depuis deux ans, c'eft-à-dire, à l'âge de vingt-huit ans, de la Croix qui annonce les talens auxquels nous devons tant de braves Officiers de terre & de mer.

C'eft avec ces brevets de penfion que les deux demoifelles de Valois font entrées pour perfectionner, ou, fi l'on veut, pour recommencer leur éducation; d'abord, à l'Abbaye d'Hyeres, près de Montgeron, où la dame de Boulainvillers alloit toutes les femaines; enfuite à l'Abbaye de Long Champs, près Paffy, où elle les appelloit auprès d'elle, & en dernier lieu aux Urfulines, près Bar-fur-Aube & Fontette, parce qu'on avoit perfuadé aux deux fœurs qu'elles feroient plus à portée d'y connoître, & peut-être de fe faire reftituer tout ou partie des biens de leur pere.

Dans les vifites qu'elles reçurent à leur arrivée à Bar-fur-

Aube, de la Nobleſſe & des autres perſonnes conſidérables de la Ville, qui étoient enchantées de revoir les enfans dont ils avoient connu le malheureux pere, le Comte de la Motte, Officier dans la Gendarmerie, fit demander, par la dame ſa mere, la main de la demoiſelle de Valois aînée. Elle vint à Paris prendre les conſeils de la dame de Boulainvillers, & le mariage a été célébré au mois de Juin 1780, après des informations favorables faites par M. l'Evêque de Langres ; nous diſons favorables, parce que le Comte de la Motte eſt le huitieme de ſa famille qui ait ſervi, & dont ſept décorés de la Croix, ſont morts au ſervice, ſon pere ſur-tout, qui, après quarante-cinq ans paſſés, tant dans le Régiment du Vicomte d'Argouges que dans la Gendarmerie, fut tué des premiers à la bataille de Minden ; & dans un dernier brevet du Roi, du 18 Janvier 1784, qui porte la penſion à 1500 liv, il eſt dit, en faveur de demoiſelle de Luze de Saint Remy de *Valois*, épouſe du ſieur *Comte* de la Motte : Qui donc oſeroit adreſſer à la perſonne un reproche ſur les bontés du Roi, ſur celles de la reſpectable Madame de Boulainvillers, & même ſur le lieu de la ſépulture du pere ? C'eſt ce qui nous conduit aux liaiſons du Comte & de la Comteſſe de la Motte avec M. le Cardinal de Rohan. Il faut encore en ſouffrir le récit, avant d'en venir à la négociation du collier.

Vers la fin de la même année 1780, qui eſt celle du mariage, le Comte de la Motte étoit à Lunéville avec ſon corps, la Gendarmerie. En ſon abſence, la dame ſa femme s'étoit retirée au couvent de la ville de Saint-Nicolas, entre Lunéville & Bar-ſur-Aube. Ils y apprennent que leur généreuſe protectrice eſt à Strasbourg, entre les mains d'un médecin fameux pour tous les genres de maladies, le Comte de Caglyoftro. Il leur dit que la dame de Boulainvillers eft à Saverne chez M. le Cardinal de Rohan ; ils s'y rendent , & elle les lui préfente fous le doux nom de fes enfans. Elle raconte à M. de Rohan une partie de l'hiftoire lamentable ; il y eft fenfible ; il promet , à fon retour à Paris , de s'intéreſſer pour eux , en quelle qualité ? en fa qualité de difpenfateur des aumônes religieufes du Roi. Ils partent de Saverne avec la dame de Boulainvillers, qui remet le mari à Lunéville ; la dame fa femme , à fon couvent , exigeant d'eux la promeffe de venir la trouver à Paris au mois de Novembre, parce que fon deffein étoit d'acheter au Comte de la Motte une compagnie de dragons. Le Comte de la Motte ne refte à Lunéville que pour attendre fon congé , du corps de la Gendarmerie qu'il alloit quitter ; mais arrivés à Paris fur la fin de Novembre, ils trouvent la dame de Boulainvillers dangereufement malade ; fon état ne l'empêcha pas néanmoins d'engager le Baron de Cruffol , l'un de fes gendres , à faire placer le Comte de la Motte dans les Gardes de M. le Comte d'Artois , pour qu'il n'y eût pas d'interruption dans fon fervice , jufqu'à l'acquifition de l'emploi. La place fut accordée par le crédit du Chevalier de Cruffol , l'un des Capitaines des Gardes du Prince : mais la dame de Boulainvillers , à la fuite de fa maladie , eft attaquée d'une petite vérole ; la Comteffe de la Motte s'enferme fous fes rideaux pendant 17 jours, 17 nuits , & reçoit fon dernier foupir.

Quel événement ! elle paffe 3 mois à l'Hôtel de Boulainvillers dans l'anéantiffement produit par fa fituation actuelle. Son mari n'avoit pas reçu en mariage ce qui lui avoit été promis ; il avoit des dettes contractées dans fon corps ; elles

s'étoient accrues par les dépenfes du mariage même , & quel-
ques-unes pouvoient compromettre d'un moment à l'autre
fa liberté. Ils fe retirent dans un Hôtel garni à Verfailles , à
caufe du fervice du mari. Sans reffource pour le préfent ,
plus inquiete encore fur l'avenir , fe retracent à la mémoire
de la Comteffe de la Motte , ces mots imprimés fur un cer-
veau tendre , par fon pere : *voilà donc les defcendans de
Henri II , Roi.*

Au milieu de ces idées affreufes , elle hafarde d'écrire à Verfailles , à M. le Cardinal de Rohan , pour lui rappeller les
promeffes qu'il avoit faites à la dame de Boulainvillers , & il
lui donne rendez-vous à Paris à fon audience. Elle y reprend
la douloureufe hiftoire de fes malheurs : M. de Rohan té-
moigne de l'intérêt. « Si je reconnois en vous le vrai , Ma-
» dame, le Roi vous donnera des fecours ; à qui donc en don-
» neroit-il ? » Dès cette premiere audience, il en offrit qu'elle
accepta , & qu'elle ne craint pas d'avouer , parce qu'il y mit
les procédés de l'honnêteté , & tous les fentimens d'une
grande ame. *Tantôt* , difoit-il , *ce font les aumônes du Roi
que tout le monde peut recevoir. Tantôt je ne fais que vous
prêter , vous ne me devez que la reconnoiffance d'un prêt.*
D'autres audiences ont eu lieu fucceffivement , parce qu'elles
étoient néceffaires pour les éclairciffemens que M. le Cardinal defiroit fur les prétentions de la dame Comteffe de la
Motte.

En effet , les grandes terres de fa maifon paroiffoient avoir
été plutôt envahies qu'acquifes ; mais les aliénations pouvoient
avoir été plus ou moins légitimées par une longue poffeffion.
Parmi ces terres , celles de Fontette , de Noëz & autres
étoient entrées depuis peu dans le domaine du Roi , & avec

du crédit elles pouvoient en fortir. De plus, les terreins lirvés au pillage plutôt que vendus par fon pere, ne pouvoient avoir de légitimes poffeffeurs : mais un objet de plus de 90000 livres étoit la fucceffion du Marquis de Vienne, ouverte en Berry, en collatérale, & fur laquelle la Comteffe de la Motte avoit des droits, puifqu'elle étoit petite-fille d'Elifabeth de Vienne, & de Nicolas-René de St Remi de Valois

C'étoit des recherches immenfes à faire, des titres à raffembler, des Mémoires à rédiger. La préfence du Comte & de la Comteffe de la Motte, étant devenue néceffaire à Paris, ils y prirent un logement dans un Hôtel garni, rue de la Verrerie, indépendamment de celui qu'ils avoient à Verfailles pour le fervice du mari. Monfieur le Cardinal faifoit dreffer les Mémoires, il les corrigeoit, il les rédigeoi lui-même, il fe chargeoit de les faire parvenir aux Miniftres, de les repandre dans les bureaux du Domaine, & de les recommander aux perfonnes de la famille Royale.

C'eft peu : regardant l'élévation du Comte & de la Comteffe de la Motte comme devant être fon ouvrage, il acquitta des dettes du mari qui pouvoient lui enlever la confidération publique, & il prit des termes pour d'autres dettes moins preffées. Le jeune Baron de Valois de retour d'un autre voyage eft accueilli par M. le Cardinal qui paya en une feule fois pour environ 10000 livres de dettes. La fœur qui étoit au Couvent à Bar-fur-Aube, avec la penfion du Roi de 800 livres, ayant été forcée de venir à Paris chez les fieur & dame de la Motte, pour fa fanté très-dérangée, M. le Cardinal l'apprend & il envoie 200 louis par le fieur de Carbonieres, l'une des perfonnes attachées à fon Confeil.

Les premiers mouvemens une fois imprimés aux affaires exigeoient des voyages fréquens de Paris à Verſailles, de Verſailles à Paris, ils exigoient des aſſiduités chez les Miniſtres, chez les principaux commis, ils exigeoient des Audiences quelquefois accordées, plus ſouvent refuſées ou retardées, & par conſéquent des dépenſes, dépenſes auxquelles M. de Rohan vouloit bien pourvoir, toujours ſous le titre d'avances, pour ménager la délicateſſe du Comte & de la Comteſſe de la Motte, & il y a pourvu pendant les années 1781, 1782, 1783 & 1784.

Ajoutons que la maniere de traiter ces ſortes d'affaires à la Cour eſt un point capital pour le ſuccès, & l'un des plus grands ſecours que les ſieur & dame de la Motte ayent tiré de M. de Rohan, eſt le ſecours des Conſeils. C'eſt à ces Conſeils ſages qu'elle a dû l'intérêt qu'ont pris à ſa perſonne généralement tous les Princes & toutes les Princeſſes de la famille du ſang Royal. Elle pourroit donner ici un long détail des témoignages de munificence, qu'elle a reçus ſous les mêmes époques, elle pourroit le donner par les noms de chacune des perſonnes, par le calcul des ſommes, par les dates des envois, & par le myſtere plus généreux encore que la dignité obſervoit.

Mais ce qui n'a été ignoré de perſonne, eſt l'intérêt, la chaleur que l'ame ſi noblement ſenſible de MADAME témoigna lors d'un accident arrivé chez elle à la Comteſſe de la Motte. MADAME la fit tranſporter à ſon hôtel garni à Verſailles : toute la Faculté de MADAME l'a traitée pendant plus de 3 mois de cette fauſſe-couche & de ſes ſuites. MADAME voulut bien auſſi charger l'un de ſes Chapelains de faire des extraits des Mémoires de diſcuſſion ; MADAME les recommandoit aux Miniftres des finances, aux Adminiftrateurs du Domaine pour les terres aujourd'hui réunies au Domaine du roi ; MADAME follicita & obtint un Arrêt de furféance pour les dettes du mari , & c'eft aux ardentes follicitations de MADAME , que la comteffe de la Motte dut le brevet du Roi de 1784, qui a porté fa penfion à 1500 livres.

Que ces allées & ces venues à la Cour, que ces libéralités magnifiques aient excité des jaloufies fubalternes, cela peut être : c'eft parlà que, lors de l'éclat de l'affaire du collier, la malignité publique a nommé intriguante de Cour , la perfonne qu'elle avoit nommée aventuriere pour fon extraction : mais aujourd'hui que l'extraction , que la perfonne, que les démarches & leurs motifs , que les liaifons avec M. le Cardinal, fi pures dans leur origine , aujourd'hui que tout eft connu, qui pourroit perfifter à croire qu'une femme qui fçait & fent ce qu'elle eft , une femme qui connoit fes obligations , une femme enchainée par les liens du refpect & de la reconnoiffance envers M. de Rohan , ait été capable, (il feroit difficile d'annoblir l'idée par l'expreffion) capable de lui *efcroquer* le collier dont la négociation doit maintenant & férieufement nous occuper?

Ce qu'il faut entendre par négociation eft celle qui a lieu entre un propriétaire pour vendre , & un acquéreur pour acheter, le prix, les conditions de la vente, la nature & les termes du paiement. On prétend ici qu'il y a eu un écrit rédigé & figné ; mais cet écrit n'a jamais été connu de la Comteffe de la Motte ; elle ne l'a jamais vu , parce que le plus grand myftere y a été obfervé à fon égard. Nous ne le connoiffons nous - mêmes que comme le Public, par deux pieces publiées par la voie de l'impreffion ; favoir , les Lettres-Patentes du mois de Septembre dernier, qui ont attribué à la Grand'Chambre assemblée la connoissance de l'affaire, & le réquisitoire en forme de plainte fait en conséquence, par M. le Procureur-Général. Nous ne pourrons donc parler de cet écrit que sur la foi des deux pieces, en supposant que les copies publiées soient authentiques : mais il est quelques faits antérieurs ; il en est aussi de postérieurs, qui sont de la connoissance personnelle de la Comtesse de la Motte : elle les avouera.

Dans les premiers jours de Janvier de la présente année 1785, ou peut-être tout à la fin de Décembre 1784, se présentent chez elle, rue Neuve Saint-Gilles, Me de la Porte, Avocat en la Cour, qu'elle connoissoit, à la relation de quelques affaires ; le sieur Achet, son beau-pere, & le sieur Bassanges, qu'elle ne connoissoit pas, mais qu'elle a appris depuis être l'un des Joailliers de la Couronne. Occupée alors & pressée de sortir, elle fit difficulté de descendre ; elle descend néanmoins d'assez mauvaise humeur. Ils lui annoncent un ouvrage magnifique de diamans, & ils entament une très longue histoire. « Ils l'avoient offert, il y a quatre ans, au Roi & à la » Reine, qui l'avoient fait estimer ; mais sur l'estimation, à » un million 600,000 livres, Leurs Majestés avoient fait » une belle réponse, celle d'une économie politique : *Nous* » *avons plus besoin d'un Vaisseau que d'un collier.* . . . » Il y avoit sept ans, continue-t-on, que le sieur Bohmer » & le sieur Bassanges son associé en étoient occupés ; il » avoit été porté en pays étranger ; il coûtoit beaucoup, & » le pauvre Bohmer en perd la tête. . . . . Si vous pouviez, » Madame, dans vos connoissances, nous en procurer la » vente. . . . . Non, Messieurs, je ne connois personne, &
ne

» ne me mêle pas de ces affaires.... Madame, la vue n'en
» coûte rien ».

Ils le déploient fur une table; c'eſt la feule fois qu'elle
l'ait vu. Fatiguée de leurs importunités, elle fait avertir ſon
mari, qui, fort peu connoiſſeur, crut que c'étoit un bijoux
de 25 ou 30,000 livres que l'on propoſoit à ſa femme, &
le bijoux fut remporté.

Il eſt vrai que quelques jours après elle en parla à M. le
Cardinal de Rohan par forme de converſation, & il répondit
avec la même indifférence; mais le lendemain ou ſur-lende-
main, il envoya demander à la dame de la Motte la demeure
des Joailliers. Ne la ſachant pas, elle députa ſon mari vers
Me de la Porte, qui répondit, *rue de Vendôme*; le mari fut
chez eux; c'eſt de-là que l'adreſſe a été portée à M. le Cardinal. La Comteſſe de la Motte fut pluſieurs jours ſans le voir
ni chez elle ni chez lui; & dans l'intervalle, il lui écrivit
même qu'il avoit des affaires par-deſſus la tête & juſqu'au col.
C'eſt dans cet intervalle qu'il a négocié ſeul avec les Joailliers; elle l'a ſu, parce qu'elle reçut une ſeconde viſite du
ſieur Baſſanges, qui lui dit que « dans la même matinée où
» leur adreſſe avoir été donnée, M. le Cardinal étoit venu
» chez eux, & que, comme il n'étoit pas connu, on avoit
» eu quelque peine à le laiſſer entrer.... Que lui Baſſanges
» avoit dit au Prince, que ſi quelqu'un de ſolvable en vou-
» loit, il le donneroit, ſoit à rente, ſoit à terme.

Lorſque la dame de la Motte revit M. de Rohan, qui
ne lui parloit de rien, elle l'agaça, en lui diſant : « Vous m'a-
» vez envoyé demander une adreſſe, vous avez vu les Joail-
» liers... Oui, dit-il, c'eſt une affaire terminée, ils ſont con-
» tens. Ah ! vous êtes curieuſe ! Eh bien, devinez pour qui ?...

C

» Je ne fais. . ; C'eſt pour votre Souveraine, mais le plus
» grand fecret ; car je fais que vous ne favez pas garder le
» plus petit ». Dans le même tems à-peu-près elle reçut une
nouvelle viſite de Me de la Porte, qui lui annonça que l'in-
tention de ces Meſſieurs étoit de lui faire un cadeau en
diamans ; qu'il étoit chargé de favoir ce qui lui feroit plaiſir. . . . Rien, Monſieur, je ne m'en ſuis en rien mêlée,
& elle n'a pas revu depuis Me de la Porte.

Que s'étoit-il donc paſſé pendant l'abſence difcrette de M.
le Cardinal de Rohan ? Il faut placer ici les faits écrits dans
les deux pieces annoncées, & notamment dans la plainte de
M. le Procureur-Général, qui contient des dates plus pré-
ciſes que les Lettres-Patentes.

« M. le Procureur-Général a été informé que vers la fin de
» Janvier de la préſente année 1785, le Cardinal de Rohan
» feroit *venu* chez Bohmer, Joaillier de la Couronne, &
» Baſſanges, fon aſſocié ; que ces Joailliers lui auroient
» montré un grand collier en brillans, comme une collec-
» tion unique & rare en ce genre, ajoutant qu'il avoit été
» eſtimé par les ſieurs Dogny & Maillard 1,600,000 liv. ;
» qu'ils attendoient de moment à autre d'envoyer cette pa-
» rure en Efpagne, & lui auroient annoncé le deſir qu'ils
» avoient de fe défaire d'un effet d'auſſi grand prix ; que le
» Cardinal avoit répondu qu'il rendroit compte de la con-
» verſation qu'il venoit d'avoir avec eux ; qu'il fe charge-
» roit peut-être de l'acquiſition ; que ce n'étoit pas pour lui ;
» qu'il étoit perſuadé qu'ils accepteroient avec plaiſir les ar-
» rangemens de l'acquéreur, mais qu'il ignoroit s'il lui feroit
» permis de le nommer ». Premiere date, qui n'eſt pas abfolu-
lument préciſe, *vers la fin de Janvier* 1785 ; mais au moins

c'eſt M. de Rohan qui fait alors la démarche *d'aller* lui-même, d'aller en perſonne chez les Joailliers rue de Vendôme, ſuivant l'adreſſe qu'il avoit demandée.

Seconde date. « Que deux jours après, le Cardinal ſeroit » *revenu chez eux* leur annoncer que de nouvelles inſtruc- » tions l'autoriſoient à traiter avec eux, ſous la recommanda- » tion expreſſe du plus grand ſecret; que leſdits Jouailliers lui » ayant promis le ſecret, le Cardinal leur auroit commu- » niqué des propoſitions, tant pour le prix que pour les » échéances du paiement, au-deſſous deſquelles propoſitions » préſentées par ledit Cardinal, ils auroient mis leur accep- » tation le 29 Janvier 1785 ».

Ici la date eſt préciſe, le 29 Janvier, & c'etoit deux jours après la première converſation, laquelle, par conſéquent, a dû avoir lieu vers le 26 ou 27 du même mois. Or, qui eſt-ce qui avoit dirigé ces propoſitions montrées aux deux Joailliers, avec le prix & les échéances, propoſitions qui n'étoient pas de l'état de M. de Rohan? Bien plus, qui eſt-ce qui les avoit écrites? M. de Rohan doit le ſavoir, puiſqu'il en étoit porteur; & c'eſt le 29 Janvier que les ſieurs Bohmer & Baſſanges mettent leur acceptation au-deſſous des propoſi- tions montrées par M. le Cardinal de Rohan. Voilà l'engage- ment du 29 Janvier, pour les deux propriétaires, de vendre à tel prix, à telles échéances de paiement, & point d'en- gagement encore de la part d'aucun acquéreur.

Troiſieme date : « Que le premier Février ſuivant ledit Car- » dinal leur auroit *mandé* de venir chez lui & d'apporter » l'objet en queſtion; qu'ils s'y feroient rendus & lui auroient » porté le collier; qu'il leur auroit annoncé pour la première » fois que c'étoit (il faut bien répéter l'impoſture), que c'étoit

» la Reine qui faifoit l'acquifition , en leur montrant les pro-
» pofitions qu'ils avoient acceptées , en les leur montrant
» chacune émargée du mot *approuvé* , & à la marge de leur
» acceptation , les mots *approuvé* , *Marie - Antoinette de*
» *France;* que ledit Cardinal leur auroit affuré que le collier
» feroit *livré* dans la journée , premier Février ; qu'il leur
» auroit dit en même tems que la Reine ne pouvoit donner de
» délégations , mais qu'il efpéroit qu'il leur feroit tenu compte
» des intérêts ; que le même jour , toujours premier Février
» dans la foirée , lefdits Bohmer & Baffanges auroient reçu une
» lettre du Cardinal *écrite* de fa main & *fignée* de lui , par
» laquelle il leur auroit mandé que la Reine lui auroit fait
» connoître que fes intentions étoient que les intérêts de ce
» qui feroit dû après le premier paiement leur fuffent payés
» fucceffivement avec les capitaux jufqu'au parfait acquitte-
» ment ».

Il n'eft pas tems de raifonner fur les faits menfongers de cette
troifieme date , premier Février. Il ne s'agit encore que de les
fixer dans la mémoire. C'eft M. le Cardinal , qui , le premier
Février , mande d'apporter chez lui le collier , & fur ce man-
dat les Joailliers l'apportent. C'eft M. le Cardinal qui leur dit ,
pour la premiere fois , que l'acquifition eft pour la Reine ;
c'eft lui qui leur montre le même écrit déjà approuvé & figné
d'eux le 29, qui le leur montre le premier Février , émargé à
chaque propofition , du mot *approuvé* , & qui leur montre
à la marge de leur acceptation, d'autres mots , *approuvé* , *Marie-*
Antoinette de France. C'eft lui qui les affure que le collier
fera livré dans la journée ; c'eft M. le Cardinal qui encore , le
même jour premier Février , leur adreffe une lettre écrite &
fignée par lui ; où il leur annonce une léfinerie fur les intérêts ,

favoir, qu'il ne leur en fera pas payé jufqu'au premier terme convenu, mais qu'ils le feront après ce premier terme jufqu'au parfait acquittement. Que de raifonnemens il y aura à accumuler dans la fuite des tems, fur les inepties qui prouvent la fauffeté de l'écrit ! notamment *Marie - Antoinette de France* ; comme fi M. le Cardinal de Rohan, homme de Cour, pouvoit ignorer que la Reine ne fignoit pas ainfi !

Mais, quatrieme & derniere date : « Que dans le même » mois-de Février, ledit Cardinal auroit montré à un particu-» lier l'écrit à mi-marge, où étoient d'un côté les conditions » du marché & les époques des paiemens, de l'autre l'accep-« tation des conditions, prétendues approuvées & fignées par » la Reine, & cependant, ajoute la plainte, la négociation » du marché s'eft faite à l'infu & fans aucune miffion directe » ni indirecte de la Reine ».

C'eft fur - tout l'un de ces faits, qui eft fi majeftueufement dénié par les Lettres - Patentes, où après avoir dit : « que » le collier avoit été livré par ledit Bohmer & Baffanges, le » Roi déclare qu'il n'a pu voir fans une jufte indignation qu'on » ait ofé emprunter le nom augufte de fa très-chere époufe & » compagne, un nom qui lui eft cher à tant de titres, & violer » avec une témérité auffi inouie le refpect dû à la Majefté » Royale » : mais au moins ce qui réfulte jufqu'ici de ces deux pieces, rédigées fur des Mémoires qui font dits avoir été donnés par les deux Joailliers, c'eft que dans cette négociation inté-rieure, ils n'ont réellement connu que M. le Cardinal de Rohan, & non la Dame Comteffe de la Motte.

Mais les Lettres-Patentes difent auffi : « que le Roi avoit » penfé qu'il étoit de fa juftice de mander devant lui ledit Car-

» dinal; & que fur la déclaration faite à Sa Majefté, qu'il avoit
» été trompé par une femme nommée la Motte de Valois
» (voilà de la part de M. le Cardinal la dégradation de la per-
» fonne) : Sa Majefté avoit jugé indifpenfable de s'affurer de
» la perfonne de tous deux , pour découvrir tous ceux qui
» auroient pu être *auteurs* ou *complices* d'un attentat de cette
» nature ». La Plainte de M. le Procurer Général dit de même ,
» que le premier paiement n'ayant pas été effectué, lefd. Bohmer
» & Baffanges auroient préfenté *un Mémoire* à la Reine pour
» obtenir leur paiement ; qu'ils n'auroient pas tardé à être inf-
» truits que la Reine n'avoit pas reçu le collier, qu'ils préfu-
» moient devoir lui avoir été livré ; qu'il paroît qu'une femme
» nommée la Motte de Valois eft impliquée dans les faits ,
» comme ayant trompé le Cardinal , fuivant la déclaration qu'il
» en a faite » : enforte que c'eft uniquement cette déclaration
de M. le Cardinal de Rohan qui a impliqué la Comteffe de la
Motte dans l'attentat d'une négociation intérieurement bornée à
lui feul, dans lequel attentat M. de Rohan doit être le principal
accufé, & la Dame de la Motte feulement accufée par lui de
l'avoir trompé.

Et quel eft donc ce genre de tromperie ? Les Lettres-
Patentes , la Plainte ne le difent pas ; ce ne pourroit être qu'un
autre délit envers M. le Cardinal de Rohan , fur lequel il
faudra qu'il s'explique & qu'il fe rende perfonnellement accufateur de la Comteffe de la Motte. Devenu accufateur , ce
fera à lui à prouver fon accufation perfonnelle , après être
refté dans le filence pendant le mois de Février entier , & *bien
plus* , pendant fix mois écoulés jufqu'à l'éclat de cette affaire ,
puifque les Letres-Patentes , puifque la Plainte qui contien-
nent la déclaration calomnieufe de M. de Rohan , ne font

que du mois de Septembre dernier.

Seroit-ce que pendant fix mois il ait cru, & qu'il ait pu croire que le collier entré dans les mains de fon augufte Souveraine, ait fuperbement groffi l'état de fes pierreries ? Non, M. le Cardinal a été inftruit d'événemens furvenus en Mars, en Avril, en Mai, Juin, Juillet & Août. Ce font ici les vaftes projets de Caglyoftro, qui, voilés d'abord, fe font développés par des commencemens, des progrès, une iffue également meurtriere pour M. le Cardinal & pour la Dame de la Motte : nouvel ordre de faits totalement inconnus aux Magif-trats, fans la connoiffance defquels l'inftruction commencée ne peut être que vague & inutile pour la recherche des véritables coupables ; c'eft auffi ce qui rend indifpenfable la publication de ce premier Mémoire fur tant de faits qui ont chacun leurs époques particulieres, dans l'ordre defquelles il faut recommencer à procéder.

Dans le courant du mois de Mars, premiere époque des faits nouveaux & des faits inconnus lors des Lettres-patentes, lors de la Plainte ; dans le courant du mois de Mars, la Comteffe de la Motte étant chez M. le Cardinal, il lui montre une petite boîte de bois blanc où il y avoit des diamans affez petits fur papier, & non montés. » Je fais » ce que cela peut valoir ; j'en ai la note : fi vous étiez intelli-» gente.... mais non.... votre mari ; il me diroit ce qu'on » en offre... Prince, il n'eft pas connoiffeur ; cependant je » lui en parlerai ; mais il eft inutile que je les emporte ». Elle ne les emporta pas.

Le Lendemain, M. de Rohan renvoie la même boîte à la dame de la Motte, par fon Suiffe, avec un écrit : *Défaites-vous*

de cela au plus vîte. Ce même jour , elle eut chez elle un Arti-
fan , Coupeur de Corps , à qui elle parla de diamans à vendre.
Cet homme lui amene un Juif nommé Bert Hibrahim , qui dit
qu'il les fera voir à d'autres gens de fa Nation. Sa mauvaife
mine donne des défiances ; la dame de la Motte ne les lui
confie pas : elle reporta cette petite boîte à M. le Cardinal , qui
tira vingt-deux diamans un peu plus gros que les autres , feize
un peu plus gros encore , & il les lui remit pour les vendre.
Alors le fieur Filleul, Avocat de Bar-fur-Aube , étoit à Paris
pour affaires ; il dit à la dame de la Motte, qu'il avoit un
parent Bijoutier, le fieur Paris , Place Dauphine : elle lui
remet ces trente-huit diamans tirés de la petite boîte par M. le
Cardinal. Le fieur Paris les paie 36,000 liv. , que la dame de
la Motte porta à M. le Cardinal de Rohan.

Voilà de premiers diamans vendus par la Comteffe de la
Motte. Le fieur Filleul , le fieur Paris peuvent être entendus
comme témoins : celui-ci peut repréfenter fes regiftres ; & de
deux chofes l'une , (c'eft à M. le Cardinal que notre raifonne-
ment s'adreffe ;) s'il convient avoir remis cette partie de diamans à la dame de la Motte , & qu'il dife qu'ils provenoient
d'ailleurs que du collier, ce qui dans toute autre circonf-
tance auroit été poffible , nulle induction alors à tirer contre
la dame de la Motte de la vente qu'elle auroit faite de diamans , avoués par M. le Cardinal avoir été remis par lui-
même. M. de Rohan niera-t-il au contraire avoir fait la
remife de cette premiere partie, & en avoir reçu le prix ?
Nous ne lui ferons pas l'injure de le croire ; nous l'atten-
drons.

Seconde époque. Elle renferme une triple opération ; d'autres diamans donnés par M. le Cardinal à la dame de la
Motte

Motte en deux fois , pour elle, & d'autres pour les faire monter.

Lorſque la Comteſſe de la Motte lui porta les 36,000 liv. payées par le ſieur Paris pour les trente-huit diamans tirés de la petite boîte, M. le Cardinal remit à la dame de la Motte la même boîte, où reſtoient des diamans plus petits ; il lui dit qu'ils étoient pour elle, & qu'il les lui donnoit : préſent funeſte dans les projets de Cagliyoſtro ! La dame de la Motte vendit ceux-ci au ſieur Regnier Bijoutier-Orfevre ſur le Pont Saint Michel, qui étoit ſon Bijoutier ordinaire, qui lui avoit fourni dans les années précédentes de l'argenterie & d'autres bijoux ſur leſquels elle lui redevoit 9 ou 10,000 liv. : elle lui vendit ceux-ci, ſavoir, ſur la fin de Mars, pour 9000 liv. , dans les premiers jours d'Avril, pour 2440 liv., & vers le milieu du même mois, un brillant de 3100 liv. ; ce qui fait en trois articles à-peu-près 15,000 francs. Le ſieur Regnier ne lui paya pas cette ſomme ; il la garda pour le prix convenu, & pour en compter avec elle, ſoit ſur ce qu'elle lui devoit, ſoit ſur d'autres ouvrages qu'elle lui commanda en même tems.

Une ſeconde opération faite avec le même Regnier, eſt d'un autre genre & d'une autre date, au mois de Mai ſuivant. « Puiſque vous avez un homme à vous, lui dit » M. de Rohan, il pourroit me procurer le Portrait de la » Reine qu'il mettra ſur une bombonniere. Voilà des diamans, » il prendra les plus égaux pour l'entourage du Portrait » : La dame de la Motte demanda en effet au ſieur Regnier, ſi par ſon moyen elle pourroit avoir le Portrait de la Reine ; & huit jours après, le Chevalier de Beaumont apporta à Verſailles, chez la dame de la Motte, les Portraits des Princeſſes de la Cour, entr'autres celui de la Reine, qui n'étoit pas fini. Elle le montra à M. le Cardinal qui,

D

au bout de quelques jours , le rapporte pour le faire achever, le faire mettre fur la bombonniere que le Marchand devoit fournir , & le faire entourer des diamans montrés & fournis par M. de Rohan : alors aussi il tira d'une boîte moitié plus grande que l'autre , deux gros diamans, qu'il chargea de même la Comtesse de la Motte de faire monter en deux bagues.

Les ordres de M. de Rohan furent exactement exécutés. Le Portrait de la Reine a été achevé par le Peintre, la Bombonniere fournie par le sieur Regnier , l'entourage ouvragé par lui , ainsi que les deux Bagues. Le sieur Regnier dit à la Comtesse de la Motte que les diamans des deux bagues , suivant son estimation , pouvoient valoir 24,000 liv. l'une dans l'autre, les diamans de l'entourage à lui fournis 6000 liv. , ce qu'elle eut peine à croire, & le travail de lui sieur Regnier 980 liv. Tout a été rapporté par la Comtesse de la Motte à M. le Cardinal , qui lui donna pour le travail de l'Artiste un billet de la caisse d'escompte de 1000 liv. dont l'Artiste a donné une quittance remise à M. de Rohan.

La derniere opération est de la même espece que la premiere , c'est-à-dire , d'autres diamans donnés en pur don à la dame de la Motte par M. de Rohan dans une circonstance. Au mois de Juin , il étoit allé faire un tour à Saverne avec la permission du Roi. Pendant son absence, le sieur de Carbonnieres , que nous avons dit être attaché à son Conseil , apporta à la dame de la Motte un paquet cacheté, & assez gros, dans lequel il lui dit qu'il y avoit des dépêches importantes & très-pressées. La dame de la Motte partit pour Saverne , remit le paquet, & rapporta quelques diamans dont M. de Rohan lui fit présent , diamans portés depuis par son mari au même sieur Regnier, qui convint de les prendre pour 12 ou 13,000 francs, à compte de ce qui lui étoit dû.

Que pourroit-il résulter aussi d'une déposition de la part du sieur Regnier, sur les trois opérations faites entre lui & les sieur & dame de la Motte ? Ce sera qu'ils lui ont vendu ou lui ont fait travailler différentes parties de diamans. Dira-t-on qu'ils proviennent du collier, ainsi que ceux du sieur Paris ? Mais s'il est aujourd'hui prouvé, ou si l'on peut dans la suite acquérir la preuve qu'ils avoient tous été livrés par M. le Cardinal, la preuve sera donc également acquise que ce collier avoit été dépécé, & que sous ces deux premieres époques, relatives au sieur Paris & Regnier, le chef-d'œuvre n'existoit plus en entier. M. le Cardinal de Rohan peut avoir été trompé dans le dépécement ; mais par qui ?

Troisieme & derniere époque de diamans, où va paroître en personne l'escroc qui se jouoit clandestinement de sa pusillanime crédulité. Nous n'avons fait qu'ébaucher ce personnage, il faut le connoître dans son physique, dans son moral, dans son être civil ; sans ces connoissances préliminaires, ce que M. le Cardinal de Rohan n'a jamais voulu voir, resteroit incroyable pour tout le monde : mais supposons qu'une instruction judiciaire appesantie sur cet Être aërien, qu'une instruction différente de celle qui est commencée, le mette dans les liens d'un décret rigoureux, demandons-lui ce qu'il répondroit au premier article de son interogatoire ?

Son nom, son surnom, ses qualités ? Lui, le Comte, & la femme attachée à sa fortune, la Comtesse de Caglyostro : ils voudront bien apparemment le justifier.

Son âge ? L'un de ses valets dit qu'il ne sait pas l'âge de son maître, mais que pour lui il y a 150 ans qu'il est à

fon fervice. Quant au maître , tantôt il- fe donne 300 ans,
& tantôt il a affifté en Galilée aux nôces de Cana , témoin
oculaire de la transformation miraculeufe d'efpeces dénaturées,
fur laquelle nous verrons que le profanateur a imaginé la mul-
tiplication du collier dépécé en cent manieres , & cependant
remis en entier , dit-on , à une augufte Reine.

Son pays ? Ou Juif Portugais, ou Grec , ou Egyptien
d'Alexandrie dont il a rapporté en Europe les allégories & les
fortileges.

Ses habitudes & fon culte ! Docteur initié dans l'art caba-
liftique , dans cette partie de l'art qui fait commercer avec les
peuples élémentaires , avec les morts & les abfens , l'un de
ces extravagans *Rofe-Croix* , poffeffeurs de toutes les fciences
humaines, experts dans la tranfmutation des métaux, & prin-
cipalement du métal de l'or , fylphes bienfaifans , qui traitent
les pauvres pour rien , qui vendent pour quelque chofe l'immortalité aux riches , renfermant par leurs courfes vaga-
bondes les efpaces immenfes des lieux dans le court efpace
des heures.

Sa fortune, enfin , pour alimenter le luxe d'oftentation
qu'il étale fous nos yeux ! Hôtel fomptueux , meubles recher-
chés , profufion d'une table ouverte, cortege de gens de toutes
les livrées , & la cour de cet Hôtel toujours bruyante de
voitures qui annonçent au milieu d'une nation fage, des vi-
fionnaires de tous les rangs : en un mot, Caglyoftro qui fans
avoir jamais rien recueilli , rien acheté , rien vendu , rien acquis, poffede tout. Tel eft l'homme: Quels font fes hauts faits ?
Plufieurs font connus dans des cours de l'Europe, d'autres
font de la connoiffance de la dame Bohmer ; mais bornons-
nous à ceux d'une troifieme diftilation du collier , celle où il
s'agit de difpofer le Comte & la Comteffe de la Motte à

porter en pays étranger une quantité bien plus confidérable de diamans : C'eſt ici le grand œuvre du creuſet de l'opérateur.

L'époque eſt de la fin d'Avril dernier, où le Cardinal adreſſe à la dame de la Motte ces paroles : « Voyez com- » me le public eſt injuſte de prétendre que je me ruine » pour M. le Comte de Caglyoſtro, tandis que c'eſt le plus » grand des hommes, & Dieu même. Ecrivez-moi, non que » vous voulez le voir par *curioſité*, mais voir ce grand homme ; » mettez-y toute la chaleur poſſible, & vous verrez ce qu'il » eſt capable de faire. On ne lui connoît aucune fortune, » perſonne ne ſait ni qui il eſt, ni d'où il vient, vivant de- » puis 300 ans. Amenez, ſi vous le voulez, pour avoir » plus de confiance en lui, une enfant de 7 ou 8 ans, bien » ſage, car ſi elle n'eſt pas ſage elle ne verra rien. » La dame de la Motte préſente la demoiſelle de la Tour, niece de ſon mari, qui étoit alors chez elle. Vingt bougies ſont allumées dans la chambre de M. le Cardinal, un paravent eſt mis de- vant le lit ; une table devant le paravent, avec d'autres flam- beaux, & une caraffe d'eau extrêmement claire. Caglyoſtro tire ſon épée, la poſe ſur la tête de l'enfant à genoux, & entame avec lui la converſation, dont il lui avoit fait une leçon ſe- crette derriere le paravent. Qu'on ne penſe pas que ceci ſoit étranger, puiſque ceci prouve le dérangement des organes de M. le Cardinal de Rohan, & ſa crédibilité ſur la puiſſance de Caglyoſtro.

L'enfant commence : « Je t'ordonne, dit-il à Caglyoſtro, » au nom de Michael & du grand Coefe, dernier nom » qui eſt du ſtyle cabaliſtique, je t'ordonne de me faire voir » tout ce que je voudrai ». Caglyoſtro reprend : « Petite, qui » vois-tu ? Rien..., frappe du pied, qui vois-tu ? Rien : frappe » fort ; ne vois-tu pas une grande femme vêtue en blanc ?

» Connois-tu *la Reine ?* l'as-tu vue, la reconnois-tu ? Oui,
» Monfieur, je vois la Reine. Vois à ta droite, ne vois-tu
» pas un ange qui a une belle figure qui veut t'embraffer ?
» embraffe-le fort. » La dame de la Motte, & fans doute
auffi M. le Cardinal entendirent le cliquetis de ces baifers
donnés, en rapprochant les levres l'une de l'autre. « Regarde
» encore au bout de mon épée par-deffus le paravent, ne me
» vois-tu pas parler à Dieu, je monte au Ciel; vois-tu ? Non.
» Eh bien frappe & dis : je t'ordonne, par le grand Coefe,
» & par Michael de &c., vois-tu, vois-tu la *Reine ?* Oui,
» Monfieur, je la vois ». Mais après la cérémonie finie, la
jeune de la Tour avoua à la dame de la Motte qu'elle avoit
reçu fa leçon derriere le paravent ; « & lorfque vous avez
» entendu, ma tante, l'ange me baifer, c'eft moi qui baifois
» ma main, comme M. le Comte me l'avoit ordonné. L'enfant néanmoins convint qu'il y avoit quelque chofe d'extraor-
dinaire, en ce que *lorfqu'on avoit remué la bouteille d'eau
très-claire, elle avoit réellement vu la Reine:* preftige d'une
tendre imagination exaltée !

Cependant M. le Cardinal en extafe, rampoit aux pieds
du Magicien, lui baifoit les mains, levoit les fiennes vers
» le Ciel... vous voyez, difoit-il à la Comteffe de la Motte,
» il peut tout ce grand homme; mais fi vous parlez de fes
» Myfteres, il peut le bien comme le mal. M. le Cardinal
le croyoit-il ? ou ne vouloit-il que préparer la Comteffe de
la Motte à le croire ; oüi, & elle va être initiée elle-même
dans un Sabat qui a précifément pour objet une derniere
livraifon de diamans.

Ici la profanation confifte à placer la Comteffe de la
Motte vis-à-vis une table chargée de croix de toutes efpeces, de Jérufalem, de la Paffion, de S. André, des épées

nues également croisées , un poignard , & ce sombre spectacle
éclairé encore par un luminaire étonnant : « jurez , Madame ,
» dit le Prophète avec le ton des oracles , jurez que , quel-
» que malheur qui vous arrive , vous ne parlerez jamais de
» ce que vous allez voir : tout-à-coup & d'un ton brusque
» allez donc , Prince , allez donc. Le Prince court , vient ,
» retourne , & le Prince apporte une grande boîte blanche ;
tous deux l'ouvrent : « votre mari , reprend M. le Cardinal ,
» voudroit-il aller en Anglettere fi je l'y envoyois ; voilà
» 2000 écus ; qu'il les porte à Perregaux mon Banquier , il
» lui donnera une lettre-de-change à vue fur fon Correfpon-
» dant de Londres. De ces diamans rangés fur du carton ,
» il vendra les gros tels que les voilà. S'il ne peut vendre
» la totalité , il n'en rapportera pas qu'ils ne foient montés ; il
» fera monter auffi ces 2 gros pour homme : je fcais ce que
» tout cela doit me rapporter ».

Le fieur Perregaux aura peut-être dépofé que le Comte de
la Motte lui a apporté 2000 écus tel jour , que lui il lui a donné
une lettre de-change fur Londres ; mais ce qu'il peut n'avoir
pas dit , c'eft qu'il eft le Banquier ordinaire de M. le Cardinal
de Rohan ; & feroit ce à ce Banquier que le Comte de la Motte
fe feroit adreffé pour aller vendre & faire monter en Angleterre
les diamans d'un collier volé ?

Quoi qu'il en foit , la dame de la Motte avoit juré fur des
Croix ; le mari eft parti pour Londres ; & feroit-il revenu
auffi fi c'étoit pour fon compte qu'il eût fait le voyage ?
Mais il revient , & que rapporte-t-il ?

Pour des diamans vendus , il rapporte des traites de Londres
fur le même Banquier de M. le Cardinal , qui ne voulut pas
que des papiers de cette nature reftaffent chez lui ; le Comte
de la Motte les reporte , le Banquier donne d'autres effets ; il

donne auffi de l'argent comptant ; le tout eft rendu par la
dame de la Motte à M. le Cardinal.

Article en argent & en papiers . . .   121,000 liv.

Plus, le Comte de la Motte a rapporté,
& M. le Cardinal a reçu des diamans montés,
& eftimés à Londres , à peu près . . .   60,000

Plus, l'impatience de M. le Cardinal n'a-
voit pas permis au mari d'attendre que le
furplus des effets eût été monté ; mais le
mari a apporté la note de ceux qu'il avoit
laiffés , & qui ont été eftimés une pareille
fomme par les Bijoutiers de Londres . .   60,000

Total de ce qui a été vendu , monté ou
laiffé en Angleterre pour être monté . .   241,000

Qu'on y joigne ce qui avoit été négocié
par la Comteffe de la Motte , avec le fieur
Paris   36,000

Avec le fieur Regnier , en tant de manieres
différentes , ...   58,000

On a dans ce qui a paffé par les mains
des fieur & dame de la Motte   335,000

Sur quoi il faut diminuer les diamans donnés à la dame de la Motte en deux fois pour
elle   28,000

Refte   307,000

Cette derniere fomme eft rentrée entiere à M. le Cardinal
de Rohan, ou en nature de diamans montés , tant à Paris
qu'en Angleterre, ou en argent comptant , ou en papiers ,
totalité

totalité que M. le Cardinal a reçue, excepté néanmoins que la dame de la Motte ignore si, depuis l'événement désastreux, les diamans que son mari avoit été obligé de laisser à Londres, à cause de l'impatience de M. le Cardinal, ont été renvoyés tout montés à Paris.

Mais il ne s'agit pas ici du plus ou du moins ; M. le Cardinal ne s'est jamais plaint d'infidélités d'aucun genre, dans les mois de Mars, d'Avril, Mai, Juin & de Juillet. Des informations, encore une fois, peuvent répéter tous les bruits répandus sur des diamans vendus à Paris & à Londres par les sieur & dame de la Motte : mais la question, la seule question, doit être de savoir si le mari & la dame sa femme ne les ont pas reçus de M. de Rohan. Si M. de Rohan convient du fait ou si le niant, les preuves sont ou peuvent être acquises pour 335,000 liv. comme cette somme provient évidemment du collier ; qu'est devenue la masse, le corps qui devoit être de plus de douze cent mille livres ? La Cour, la Ville, la Nation verront avec les traits de l'évidence, que ce noble tissu est devenu la proie de ce que nous avons appellé le projet de Caglyostro, dans ses commencemens, ses progrès & sa consommation.

Nous nous trompons, l'abominable projet n'est pas consommé. La fuite, dit-on, montre ceux qui sont coupables ; c'étoit un coup de parti d'obliger le Comte & la Comtesse de la Motte à fuir. Le conseil en sera donné au milieu d'agitations nouvelles.

Les Joailliers, ce qui est inoui, n'avoient jamais eu leur titre, toujours resté entre les mains de M. le Cardinal. Ils avoient eu, depuis le mois de Février, des travaux fréquens avec la Reine pour ses pierreries ; ils venoient d'en avoir de particuliers pour fon entrée triomphante à Paris , après avoir donné à la Nation un fecond Prince , & ils ne l'avoient pas vue parée de leur chef d'œuvre ; elle ne leur en avoit jamais parlé , parce qu'elle n'en avoit jamais entendu parler elle même : mais le mois de Juillet étoit le premier terme du paiement , ils témoignerent des inquiétudes ; & ce qu'il y a de plus inoui encore , c'eft que M. le Cardinal , qui avoit vu la circulation du collier entre fes mains , entre celles de Caglyoftro , des fieurs & dame de la Motte , des Marchands de Paris , de Londres , en nature , en argent , en papiers , confeille aux fieurs Bohmer & Baffanges de s'adreffer à la Reine ! Que Caglyoftro s'aplaudiffe du fuccès de fes enchantemens.

Mais l'on peut croire quelle fut , pour la Reine , l'impulfion de l'étonnement. Des bruits s'élevent ; ils s'accréditent , M. le Cardinal tremble ; quel parti prendra fon Maître audacieux ! Le Comte & la Comteffe de la Motte avoient coutume d'aller paffer la belle faifon chez eux à Bar-fur-Aube , pendant que M. de Rohan alloit la paffer à Saverne : le mari part , la dame fa femme refte à Paris pour un mariage de la demoifelle de Valois fa fœur qui fe traitoit alors. Le mari ne la voyant pas arriver, revient, & chaque jour, lui & fa femme, font témoins des alarmes du camp ennemi.

Un jour « la Reine, dit M. de Rohan, renie le collier ; je » pourrois le renier auffi : mais Bohmer & Baffanges ont » été dans la bonne foi avec moi ; j'ai de quoi payer , cela » eft jufte ». Pourquoi ne l'a-t-il pas fait ?

Une autre fois , il va chercher dans les intrigues de la Cour les caufes de la ferme dénégation de la Reine : « diable, » feroit-ce un tour que voudroient me jouer les . . . ; car

» je fçais qu'ils font raccommodés avec . . . Je ne les crains
» pas ; je fçais la maniere de m'y prendre : le Roi eft bon ,
» & n'ai je pas pour moi Madame de . . . . » ?

Le premier ou le 2 Août il montre à la Comteffe de la
Motte une petite lettre à vignettes qu'il plie de haut & de bas
pour ne lui laiffer lire que le milieu. La dame de la Motte lit,
(ceci mérite l'attention) *j'envoie par la petite Comteffe...* & à
la fuite un nombre de chiffres que la dame de la Motte ne
put additionner. Elle lit encore , *pour tranquillifer ces malheureux , je ferois faché qu'ils fuffent dans la peine.* A cette lecture , M. de Rohan s'ecrie , « m'auroit-elle trompé , la petite
» Comteffe ? Mais cela eft impoffible , je connois trop *ma-
« dame de Caglyoftro ;* » & point d'équivoque ici avec la
Comteffe de la Motte, qui étoit préfente , à qui il auroit dit ,
m'auriez vous trompé ? Mais je connois trop *madame de Caglyoftro.*

Cependant les agitations augmentent, » tenez, dit-il le 3
» Août, je vous connois foible ; fi ces Meffieurs viennent à
» dire que vous m'avez donné leur adreffe , vous perdrez la
» tête , vous direz, j'ai vu, j'ai vendu ; fouvenez-vous des
» fermens que vous avez faits & de l'homme qui vous les a
» fait faire ; il peut tout celui-là , craignez-le toute votre vie.

Le 4 » : je ne fuis pas tranquille ; voyez ces efpions fous vos
» fenetres , je les ai vus auffi fous les miennes. Il faut que vous
» & votre mari veniez actuellement chez moi avec votre femme
» de chambre , finon cette nuit on vous prendra vous & lui ,
» j'en fuis fûr. Je vous enverrai à minuit le fieur de Carbon-
» nieres , & un homme qui a toujours dans fa poche des Pif-
» tolets (c'eft l'Aiduc de M. le Cardinal.) En effet à minuit
les fieur & dame de la Motte fe rendent chez M. le Cardinal

de Rohan qui les loge au haut de son Hôtel , au fonds d'un corridor ci-devant occupé par l'Abbé Georgel , & alors par le Baron de Planta , Officier Suisse , écuyer de M. de Rohan & l'un des éleves de Caglyostro. Là on les enferme sous clefs ; le sieur de Carbonnieres apporte les vivres dans ses poches ; & s'il est entendu , le niera-til ? Dans cette même journée M. de Rohan monte , descend , & remonte encore , & le cinq il apporte l'ordre définitif de Caglyostro. » Il » faut que vous passiez le Rhin pour trois ou quatre » mois. Vous serez dans mes *Etats* , où je vous adresse à un » Procureur-Fiscal. Je vous donnerai ici des chevaux , de » ceux qu'on nomme des enragés , ils vous conduiront droit » à Meaux ; j'y suis connu de l'homme de la poste , vous » passerez pour être mes gens. Ecartant ensuite le mari , il montre à sa femme un buste qui étoit dans l'appartement du Baron de Planta , le buste de Caglyostro. « Voyez ces yeux , » il lit dans le ciel , il vous a devinée , & il saura vous punir ». Il rappelle le mari , lui répete les mêmes ordres ; mais le mari répond respectueusement : « Prince , il est désagréable de s'ex- » patrier lorsqu'on n'a pas de tort , & ce départ nous en don- » neroit. » M. le Cardinal les quitte , les enferme ; le sieur de Carbonnieres , après une visite , ne ferme la porte qu'à un tour. Le sieur de la Motte s'évade , va chez lui , rue neuve Saint-Gilles. Il voit dans la journée le sieur Bassanges , & de retour au corridor , sur les 5 heures : « Il faut , Madame , » il faut absolument que vous retourniez chez vous , rue » neuve Saint-Gilles , & que nous partions pour chez moi ; » ne voyez-vous pas qu'il y a là quelque chose d'inconce- » vable ? Leurs craintes sont extraordinaires ; on conseille à » M. le Cardinal de nous éloigner. Il nous a fait vendre des

» diamans ; c'eſt qu'ils proviennent du collier. Il dira tout ce » qu'il voudra ». Et ce que dit en effet M. de Rohan en ren- trant : « Cela eſt affreux , après ce que j'ai fait pour tous » deux » : mais le Comte de la Motte emmene ſa femme , promettant ſeulement toute la diſcrétion poſſible. Le lende- main 6 , ils annonçent publiquement leur voyage : la Com- teſſe de la Motte arrête avec le ſieur Regnier , le compte des diamans qu'il lui avoit vendus , & de tout ce qu'il lui avoit fourni. Le mari prend ouvertement une permiſſion pour des chevaux à la poſte ; ils partent ſans aucune accuſation. Quand eſt ce donc que M. de Rohan eſt devenu dénon- ciateur ?

Le Comte & la Comteſſe de la Motte reſtent chez eux dans la plus grande tranquillité. Ils y reſtent le 7 , le 8 , le 9 , le 10 , le 11 , le 12 , le 13 , le 14 , le 15 , le 16 , le 17 & le 18 Août ; ils font dans leur famille les viſites d'un retour ; ils vont de côté & d'autre chez les perſonnes de leur connoiſſance. L'événement d'un ballon qui devoit s'élever à Clairvaux , y attire tout le canton : ils y courent. Là , ils ont occaſion de rendre leurs reſpects à M. le Duc de Penthievre qui les avoit ſingulierement honorés en 1782 , 83 , de ſes bontés , avec les Princes & Princeſſes de la Fa- mille & du Sang Royal. Le Prince veut bien les accueillir d'un regard. Ils vont le lendemain lui préſenter leurs hom- mages à Château-Villain. A leur retour , repaſſant par Clair- vaux , ils y ſoupent avec une compagnie choiſie , & ne rentrent que très-tard à Bar-ſur-Aube.

Mais le 18 , ſur les neuf heures du matin , arrivent des Inſpecteurs de Police : la miſſion qu'ils annoncent , eſt de viſiter & de prendre les papiers. La dame de la Motte les conduit dans fon appartement & dans celui de fon mari : elle ouvre les commodes , les armoires : ils fe faififfent de tout ce qui eft écriture ; ils lui déclarent auffi qu'il faut qu'elle vienne parler au Miniftre , & que ce ne fera que l'affaire de deux ou trois jours : fon mari la conduit à fa voiture ; elle eft emmenée , fur quel prétexte ?

Ici rentrent les faits énoncés dans les Lettres Patentes : » Le Roi inftruit que les fieurs Bohmer & Baffanges avoient » vendu au Cardinal de Rohan un collier en brillans , que » ledit Cardinal , à l'infu de la Reine , leur avoit dit être au- » torifé à en faire l'acquifition pour elle ; qu'à cet effet, il » leur avoit fait voir de prétendues propofitions ; qu'il avoit » exhibé ces propofitions prétendues , comme approuvées & » fignées par la Reine ; que le collier ayant été *livré* par » les Joailliers au Cardinal , & le premier paiement convenu » entr'eux n'ayant pas été effectué , les Joailliers avoient eu » recours à la Reine ; que la jufte indignation contre une té- » mérité inouie , & le violement du refpect dû à la Majefté » Royale , avoient porté le Roi à mander devant lui ledit » Cardinal , le 15 Août ; & qu'enfin , fur la déclaration » faite au Roi , qu'il avoit été trompé par une femme nommée » la Motte de Valois , le Roi avoit jugé indifpenfable de » s'affurer de la perfonne de l'un & de l'autre ».

Vaines précautions pour la perfonne de M. le Cardinal de Rohan , s'il eft vrai que l'ordre mal exécuté , lui ait laiffé le tems d'en envoyer un autre au crayon à Paris , pour fouftraire un porte-feuille & les papiers qu'il receloit ! C'eft fur-tout à la dame de la Motte à regretter la perte du porte-feuille, parce que quelques jours avant qu'elle partît pour Bar-fur-Aube , M. de Rohan avoit eu la prudence de lui redemander les lettres, les billets qu'elle avoit de lui depuis quatre ans ; & parmi les papiers, elle regrettera fur-tout ce billet par lequel, en lui envoyant au mois de Mars par fon Suiſſe, la petite boîte blanche, il lui mandoit : *Défaites-vous de cela au plus vîte.*

Tel eſt l'état de l'affaire. Et pour celui de la procédure quelles réflexions fe préfentent les premieres à la fuite des faits ?

C'est d'abord fur la nature des délits dénoncés ; il en eſt deux capitaux.

Le premier, le plus grave fans doute, eſt d'avoir profané, dans une négociation formée entre des fujets, un nom digne de tous leurs refpects. C'eſt peu que la profanation du nom : qui ignore les différens chefs du crime de Leze - Majeſté ? L'attentat fur la perfonne de Céfar, la mutilation de ſes images, la falfification du fceau impérial, la contre-faction du feing - privé, l'altération de fa monnoie ; & une main audacieufe a écrit ces mots : *Approuvé.... Marie-Antoinette de France.* Point de vérification à faire fur ce faux matériel, il eſt conſtant. Le Roi, le mari Roi, l'a déclaré au nom de *fa très-chere époufe & compagne.* Il l'a infcrit dans des Lettres royaux qui ont acquis le caractere d'une Loi publique par l'enregiſtrement légal ; la véracité de la parole de nos Rois eſt un principe national. Combien de fois cette parole facrée n'a-t-elle pas prévalu, & prévalu feule, même parmi les Puiſſances de l'Europe !

« Ainfi, nous le difons, d'après une Loi authentique,
» c'eſt à l'infçu de la Reine que M. le Cardinal de Rohan
» a négocié & qu'il a dit aux Joailliers avoir été autorifé par
» la Reine à faire l'acquiſition en fon nom. Il s'eſt dit autori-
» fé, & fon *dire* eſt faux, parce que le Roi, la Reine, atteſ-
» tent le contraire : n'ayant pas même eu l'honneur de voir, de

» parler & de recevoir une réponſe directe de ſa Souveraine,
» c'eſt une offenſe que la Majeſté Royale a ſentie ; c'eſt
» l'offenſe que la Majeſté a dû venger, non - ſeulement par
» le ſentiment de l'indignation ; mais par un coup d'autorité
» efficace pour s'aſſurer des coupables & des pieces de con-
» viction ».

A l'égard du ſecond délit, celui de la prétendue remiſe du
collier entre les mains de la Reine, nous l'avons demandé : De
quel genre de tromperie la Comteſſe de la Motte pourroit-elle
avoir uſé ? C'eſt à M. le Cardinal à ſe rendre perſonnellement
accuſateur, & ce ſera à lui à prouver ſon accuſation. Mais l'im-
poſſibilité de cette remiſe manuelle du tout ne peut - elle
pas être préalablement démontrée, puiſque le tout a été de
mille manieres diviſé ?

Cependant aucun fait ſur la diviſion du collier n'eſt écrit dans
la plainte de M. le Procureur-Général, parce que tous ces faits
lui ſont inconnus ; il ne peut les connoître que par le préſent Mémoire. C'eſt ce Mémoire ſigné de la Comteſſe de la Motte, ce
ſont les faits qu'il contient, les faits qu'elle a déjà écrits de ſa
main dans d'autres Mémoires remis à la Police avant qu'elle
eût aucun conſeil, & joints à l'inſtruction ; voilà ce que la
ſagacité de M. le Procureur-Général doit lui faire prendre
pour dénonciation. Il faut une nouvelle plainte ſur ce ſecond
délit, une plainte qui diſe en propres termes, que le collier
prétendu remis entier à la Reine, le premier Février 1785,
a été néanmoins poſtérieurement dépecé, puiſque le dépece-
ment eſt un fait phyſique, ſuſceptible de la preuve. Les
Artiſtes ou les Artiſans qui y ont travaillé, qui ont acheté
les boîtes, & qui y ont placé les diamans ; le Suiſſe de l'Hôtel
qui a porté une de ces boîtes dans le mois de Mars ; l'écrit
qui

qui accompagnoit l'envoi, *défaites-vous de cela au plus vîte* ; les farces jouées par Caglyoftro dans les Cours étrangeres, dans le Royaume, à Paris, chez M. le Cardinal de Rohan, en préfence de la demoifelle de la Tour, niece de la dame de la Motte, tante, en préfence d'autres enfans, éleves de Caglyoftro, une autre jeune fille, & un jeune garçon vêtu en matelot ; la charte privée où ont été retenus le Comte & la Comteffe de la Motte pendant plufieurs jours dans l'appartement du baron de Planta ; les affiduités du Sr de Carbonnieres dans cette prifon domeftique ; le confeil perfide de s'expatrier ; la lettre en vignette montrée à la dame de la Motte, *j'envoie par la petite Comteffe*, qui étoit la Comteffe de Caglyoftro, *telle fomme en chiffres*, tout eft fufceptible de plainte, d'informations, d'interrogatoires, de monitoires. Ce ne font pas des faits juftificatifs propofés par la dame de la Motte, c'eft un fait principal, relatif à la difperfion du collier, dont le tout par conféquent ne peut avoir exifté dans une feule main.

Et ne feroit-ce pas laiffer trop d'avantage à l'un des accufés, M. de Rohan, ainfi qu'à fon feul complice, que de fe borner à prouver que la dame de la Motte, que fon mari, ont vendu ou fait travailler à Paris, en Angleterre des pierreries, pour en laiffer conclure arbitrairement que la maffe peut être reftée dans les mêmes mains ? Car enfin, fi M. le Cardinal, fi fon maître conviennent des faits qui leur font perfonnels, de même que la dame de la Motte convient de ceux qui font perfonnels à elle & à fon mari, ou fi M le Cardinal & Caglyoftro les niant, la preuve en peut être faite, tout eft dit fur le fecond délit, la remife prétendue du collier faite à la Reine. Sans ces procédures nouvelles, qu'eft-ce que les Magiftrats verroient dans celles qui exiftent ? Ceci eft du reffort de l'actuelle défenfe.

1°. Les Joailliers, dans l'ordre d'une procédure réguliere, auroient dû être demandeurs au civil, ou accufateurs au criminel : mais n'ayant point de titres, n'en ayant jamais eu, craignant de n'en pas avoir, & peut-être étant aujourd'hui défintéreffés, leur rôle eft changé. Ils font probablement les premiers témoins entendus ; & fans offenfer leurs perfonnes, eft-il dans l'ordre des chofes, qu'au lieu d'être accufateurs, ils foient témoins dans leur propre affaire ?

2°. Qu'on life au Tribunal de la Cour les dépofitions du fieur Paris pour la vente de 36,000 liv. de diamans, celle du fieur Regnier pour la vente, le travail, l'eftimation à 58,000 francs ; celle du fieur Perregaux pour une lettre-de-change fur Londres de 6000 l., pour des traites de 121,000 l. & fans favoir qu'il étoit le Banquier de M. le Cardinal. Quelle confufion dans les idées, & dans les conféquences qui pourroient en être tirées !

3°. A l'égard d'autres témoins que nous ne connoiffons pas, ils peuvent à la lecture d'une plainte qui ne regardoit que la négociation intérieure du collier entre M. le Cardinal & les Joailliers, ils peuvent avoir dit n'en avoir aucune connoiffance. Mais fi les oreilles des mêmes témoins avoient été frappées des faits relatifs à Caglyoftro, qu'auroient-ils dit ? Citons un exemple ; celui d'un homme qui eft fon Perruquier, & celui du Comte de la Motte. Il a parlé plus d'une fois au Comte & à la Comteffe de la Motte des attitudes ferviles de M. le Cardinal aux pieds de Caglyoftro ; il en a fouvent gémi : mais ne trouvant rien à cet égard dans la plainte qui lui a été lue, il peut avoir déclaré n'avoir aucune connoiffance des faits qui y font contenus. S'il avoit entendu ce nom dans la plainte, n'auroit-il pas dépofé, & du caractere impofteur de l'un, & du caractere qui rendoit l'autre fufceptible de toutes les impreffions ? En un mot, jufqu'ici, informations vagues, puifqu'elles n'ont pu avoir pour objet un fait plus effentiel, & entierement inconnu lors de la plainte.

4°. Il en doit être ainfi, non pas d'interrogatoires réguliers fubis par la Comteffe de la Motte dans le lieu de fa détention, mais de ces petits interrogats faits par un Commiffaire de Police chargé de ce département, & dont nous pourrons ailleurs nous occuper. Il l'a queftionnée fur fa fortune & fur ce qu'il appelloit fon mobilier, terme dont la dame de la Motte lui a demandé l'explication. *N'eft-ce pas*, lui difoit-il, *votre mobilier va bien à* 200,000 *livres ?* & cela pour en conclure apparemment que c'étoit le produit du collier ; mais « *qu'entendez-vous*, Monfieur ; font-ce
» mes meubles, mon linge de toute efpece, mon argenterie,
» mes diamans, mes bijoux, robes, dentelles, & toute ma
» garde-robe, il pourroit fe faire que le tout allât à 60 ou
» 70000 livres, par les bienfaits de M. le Cardinal de
» Rohan depuis quatre ans, par ceux non moins abondans
» que j'ai reçus de toutes les perfonnes confidérables de la
» famille & du fang royal ».

Auffi n'a-t-on trouvé chez la Dame de la Motte, ni chez fon mari à Bar-fur-Aube, rien qui approchât d'un tréfor, & encore moins d'un tréfor diamantaire. En fonds, deux fommes de 30,000 l. placées chacune à conftitution de rente, toutes deux provenant des épargnes que M. le Cardinal lui recommandoit fâns ceffe ; & l'une même au mois de Juillet de l'année derniere 1784 : de même acquifition d'une maifon, de 18 ou 20,000 l. faite à Bar-fur-Aube, fous la même époque, Juillet 1784, où il ne pouvoit pas être queſtion du collier ; & ſi dés témoins ont dépoſé de ces objets d'acquiſition , ce n'eſt que la malignité qui s'eſt appéſantie ſur de pareilles recherches.

Ce n'eſt pas ici le lieu d'entrer dans d'autres détails, qui pourront être traités , développés par la ſuite ; mais arrêtons à deux faits , parce qu'ils ſont relatifs à l'état même de la procédure.

L'un eſt un fait ſur lequel la Dame de la Motte a été trop tourmentée. « Vous êtes accuſée , lui dit le Commiſſaire de » Police , d'avoir emporté au mois de Février un collier de » diamans à Verſailles ; c'étoit pour faire croire à M. le Car- » dinal que vous aviez des liaiſons avec la Reine ». Premier fait d'une ineptie inconcevable ! La Comteſſe de la Motte & ſon mari peuvent aſpirer ſans doute par leurs noms à être pré- ſentés à la Cour, mais ils n'ont pas encore obtenu les honneurs de la préſentation , parce que leur fortune a toujours contrarié leurs projets d'émulation ; & M. le Cardinal a-t-il pu ſe flatter d'une protection de perſonnes auſſi iſolées? Un tel fait & les mo- tifs qu'on lui donne ne peuvent que le dégrader lui - même : à qui veut il perſuader que, ſous un prétexte auſſi ridicule, il aura confié un bijou de 1,600,000 liv. qui d'ailleurs , depuis le mois de Février , nous ne ceſſerons de le répéter , a toujours circulé dans ſes mains & dans celles de Caglyoſtro ?

L'autre fait eſt d'une abſurdité plus inconcevable encore ; la plume ſe refuſe , pour ainſi dire à l'écrire : c'eſt que la Dame de la Motte a procuré à M. le Cardinal , quoi ? Une entrevue avec la Reine. Où ? Dans le parc de Verſailles. A quelle heure ? A minuit. Dans quel tems ? Au mois de Juillet 1784 , époque toujours antérieure à l'affaire du collier. Ce ſeroit manquer à tous les devoirs que d'entreprendre de réfuter ſérieuſement une aſſertion ſi groſſièrement indécente. Quoi !

un homme de l'importance de M. de Rohan, préfenté par une femme qui n'avoit aucun titre pour voir fa Souveraine !

Auffi n'eft-ce pas de lui-même que M. le Cardinal croit avoir été préfenté: il le croit fur la foi d'un témoin ; & quel eft celui-ci ? L'un des Eleves de Caglyoftro, le Baron de Planta, qui a voulu une fois, à l'exemple de fon Maître, traiter la Comteffe de la Motte, lui foutenant qu'elle étoit malade, quoiqu'elle fe portât bien. Il prétendoit que le mal étoit au genou ; elle pria M. le Cardinal de Rohan de ne lui plus envoyer un homme qui l'ennuyoit : eh ! qui ne voit que dans cette mafcarade noƈturne c'eft le Baron de Planta qui apparemment aura fait voir à M. de Rohan, ou lui aura fait croire qu'il voyoit on ne fçait quel fantôme, à travers l'une de ces bouteilles d'eau limpide, avec laquelle Caglyoftro a fait voir notre augufte Reine à la jeune Demoi-felle de la Tour ? Dans ce rêve extravaguant, M. de Rohan a-t-il donc reconnu le port majeftueux, ces attitudes de tête qui n'appartiennent qu'à une Reine, fille & fœur d'Empereurs ?

Mais terminons férieufement une premiere défenfe, qui ne doit pas fortir du ton férieux.

Nous aurons dans la fuite à raifonner par voie de difcuffion, & malheureufement les tems font loin encore, parce qu'il faut auparavant, de la part d'un accufateur refpeƈtable & refpeƈté, M. le Procureur Général, il faut une addition de plainte fur la métamorphofe du collier, tout-à-la-fois réuni en une feule main, & éparpillé dans tant d'autres, de la connoiffance même de M. le Cardinal. Il a fait, il a répété entre les mains de fon Rabbin un ferment ridicule, de ne le point décéler: il craint, au lieu de l'immortalité qu'il a prodigieufement payée, les maléfices dont le Rabbin a menacé la Comteffe de la

Motte, fi elle parloit. Dans ce cas , & pour le relever de fon ferment, il faut que tout l'enfemble du perfonnage foit approfondi : il faut que le perfonnage apprenne , par une nouvelle inftruction , que fi depuis long-tems des Tribunaux éclairés ne condamnent plus à des peines capitales, le fortilege, proprement dit , les mêmes Tribunaux fe font réfervé des cenfures , lorfque le fortilege eft accompagné de malefices , de vols, d'efcroqueries , & fur-tout lorfqu'il fe multiplie par des Eleves , & dans des Ecoles. *Signée* , JEANNE DE S.-REMY DE VALOIS, COMTESSE DE LA MOTTE.

Me DOILLOT , Avocat.

De l'Imp. de L. CELLOT , rue des Grands-Auguftins. 1785.